Le parapluie jaune

Aux parapluies de couleur, qui illuminent le paysage quand le ciel pleure.

Les éditions de la courte échelle inc.
160, rue Saint-Viateur Est
Bureau 404
Montréal (Québec) H2T 1A8
www.courteechelle.com

Révision : Sophie Sainte-Marie

Dépôt légal, 1er trimestre 2011
Bibliothèque nationale du Québec

La courte échelle reconnaît l'aide financière du gouvernement du Canada par l'entremise du Fonds du livre du Canada pour ses activités d'édition. La courte échelle est aussi inscrite au programme de subvention globale du Conseil des Arts du Canada et reçoit l'appui du gouvernement du Québec par l'intermédiaire de la SODEC.

La courte échelle bénéficie également du Programme de crédit d'impôt pour l'édition de livres — Gestion SODEC — du gouvernement du Québec.

Catalogage avant publication de Bibliothèque et Archives nationales du Québec et Bibliothèque et Archives Canada

Chartrand, Lili
Le parapluie jaune
Roman graphique.
Pour enfants de 7 ans et plus.
ISBN 978-2-89651-299-7
I. Bonenfant, Pascale. II. Titre.

PN6734.P368C42 2011 j741.5'971 C2010-942406-9

Imprimé en Chine

Lili Chartrand
Illustrations de Pascale Bonenfant

Le parapluie jaune

la courte échelle

Je n'ai pas de nom. J'ai cinq ans.
Je suis en pleine forme.
Ça n'a pas toujours été le cas.
Depuis peu, monsieur Grésil prend
tellement soin de moi que je semble neuf.
Je suis un parapluie. Jaune.

Je suis le cadeau que monsieur Grésil a offert à sa femme Fiona au cours de leur voyage à Paris. Avec mon manche en bois, ma poignée en forme de tête de canard et ma toile jaune vif, je me faisais remarquer. Madame Grésil m'adorait. Beau temps, mauvais temps, à son bras elle me portait.

Le voyage à Paris terminé,
j'ai fait mon premier vol en avion.

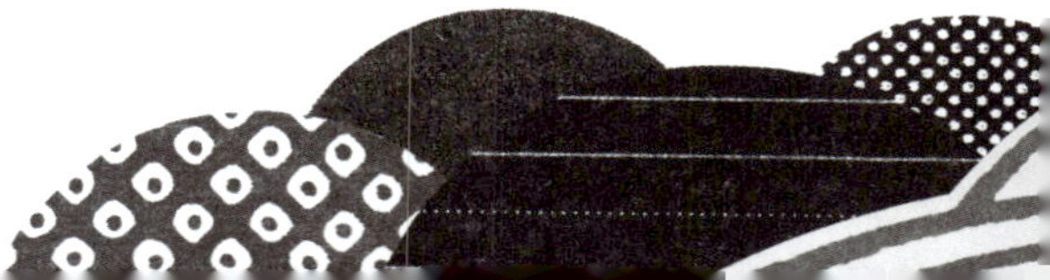

Dès notre arrivée à ma nouvelle maison, madame Grésil a appris qu'elle avait une grave maladie. Elle est morte deux mois plus tard. Monsieur Grésil était dévasté par le chagrin.

Monsieur Grésil passait ses journées assis dans son fauteuil. Il regardait par la fenêtre, sans rien voir. Malheureux et seul, monsieur Grésil n'était plus que l'ombre de lui-même. Il attendait le crépuscule pour se rendre, dos voûté, jusqu'à son lit. Moi, je m'ennuyais dans le porte-parapluies, oublié.

Un matin qu'il pleuvait à verse, j'en ai eu assez. J'étais là, moi ! Cette pluie qui tombait me titillait les baleines. Je l'imaginais couler sur ma toile. Du coup, une envie folle de sortir m'a pris. Après presque cinq années dans un porte-parapluies, j'étais drôlement rouillé. Par je ne sais quel miracle, j'ai réussi à bouger ! D'une secousse, je me suis renversé sur le sol, entraînant avec moi une plante.

Quel fracas !

J'étais à l'affût.
Je savais que monsieur Grésil n'était pas sourd. En effet, il est arrivé en traînant les pieds.
– Que s'est-il passé ici ? a-t-il murmuré en remettant la plante debout.
Puis il m'a aperçu. Dans son regard est apparue une étincelle que je n'avais plus vue depuis notre voyage à Paris.

Monsieur Grésil m'a soulevé. Il m'a caressé. Longuement.

– C'est fou, j'ai l'impression de te retrouver, ma douce Fiona ! a-t-il chuchoté.

C'était la première fois que je voyais un homme sourire et pleurer en même temps. Impatient de prendre l'air, j'ai tressailli dans sa main.

– Cher parapluie ! s'est-il écrié. Cette ondée te fera le plus grand bien !

Notre balade a été merveilleuse.
C'était si agréable d'être à nouveau chatouillé par la pluie !

Monsieur Grésil marchait lentement. Parfois, il s'arrêtait devant une boutique ou un parc. J'ai vite compris. C'étaient des endroits qu'il avait fréquentés avec sa bien-aimée Fiona.

Il a plu pendant
des jours.

Comme si la pluie avait senti qu'elle et moi faisions du bien à monsieur Grésil. J'étais le plus heureux des parapluies.
À chaque retour à la maison, monsieur Grésil allumait un feu. Puis il me déployait devant l'âtre. Je soupirais de plaisir devant cette chaleur qui me séchait doucement. À l'aide d'un linge doux, monsieur Grésil appliquait de la cire d'abeille sur mon manche en bois et ma poignée en tête de canard. Jusqu'à ce qu'ils reluisent. Ensuite, il me déposait dans le porte-parapluies, maintenant rangé près de son fauteuil. Monsieur Grésil me racontait alors ses souvenirs de sa douce Fiona. Bercé par sa voix, je m'endormais.

Ce matin, le soleil est de retour.
J'entends monsieur Grésil se lever.
Il me rejoint au salon et me donne
une petite tape sur le pommeau.
Quand il aperçoit le ciel bleu,
il s'écrase dans son fauteuil.
Découragé.

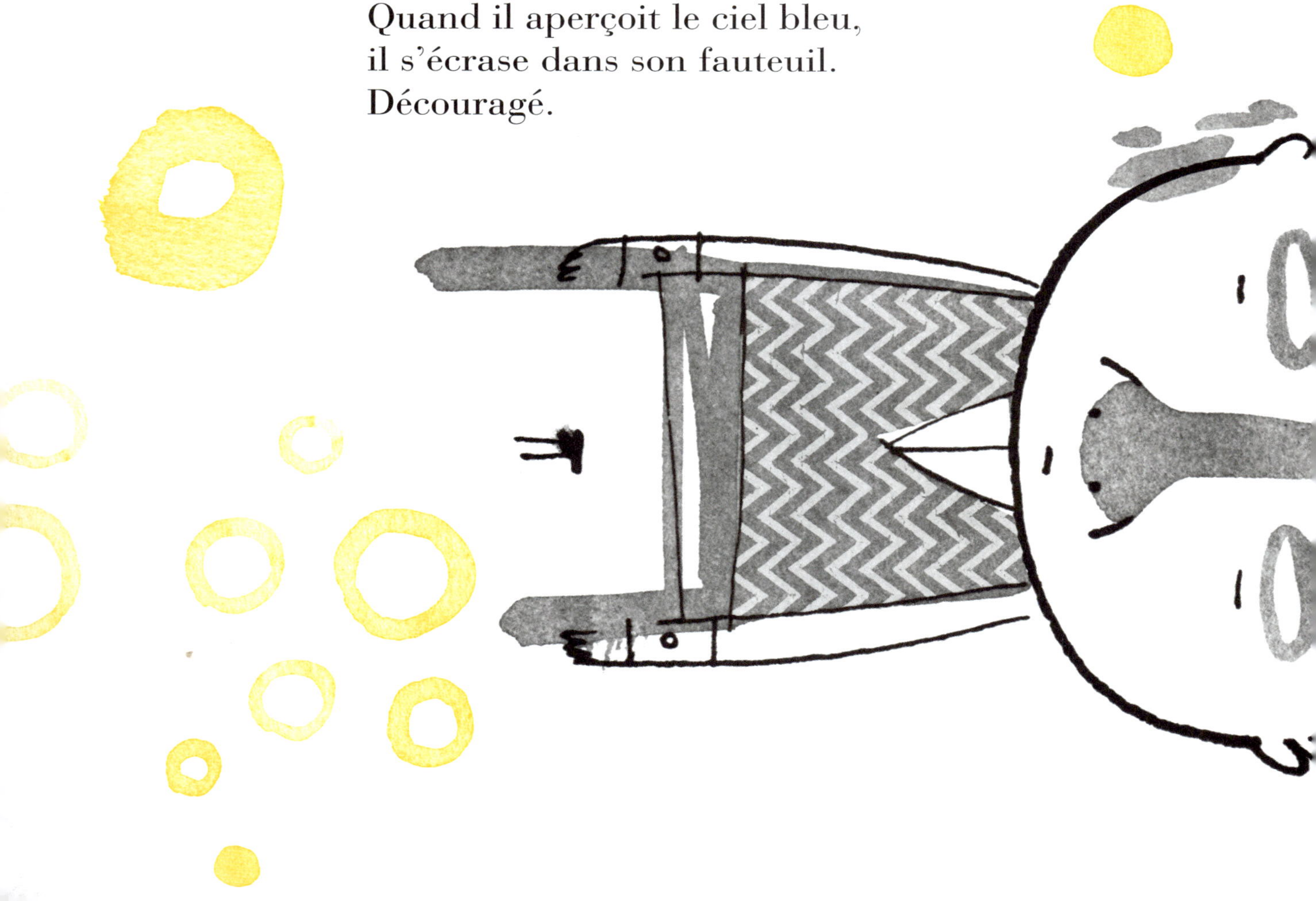

Pourquoi monsieur Grésil broie-t-il du noir ?
Il ne se rappelle donc pas qu'à Paris sa femme
m'emmenait beau temps, mauvais temps ?
Qu'elle m'ouvrait quand le soleil tapait trop fort ?
Il fallait voir la tête des Parisiens !
Ça faisait rire le couple.

Sans hésiter, je m'élance. Je tombe sur le sol, à ses pieds. Monsieur Grésil sursaute. Il me regarde avec de grands yeux. D'un mouvement vif, je pointe alors ma tête de canard vers la fenêtre.

– Saperlipopette ! s'exclame soudain le vieil homme. Comment ai-je pu oublier cette journée ensoleillée où Fiona et toi, déployé, avez dansé au pied de la tour Eiffel ?

D'un bond, monsieur Grésil quitte son fauteuil. Il semble rajeuni de vingt ans. Sourire aux lèvres, il me prend dans sa main et déclare :

– Cher parapluie, le soleil te rappellera notre beau voyage !

Quelle belle journée nous passons ! Quel délice de sentir à nouveau les chauds rayons du soleil sur ma toile ! Les piétons sont aussi surpris qu'à Paris. Jusqu'au moment où l'on croise une vieille dame avec un parapluie vert pomme. Ouvert.

– Belle journée, n’est-ce pas ? dit-elle.
Figé par la surprise,
monsieur Grésil reste muet.
La vieille dame ne s’en offusque pas.
Au contraire, elle sourit :
– Si nous marchions jusqu’au
parc, nos parapluies pourraient
faire connaissance ? Je m’appelle
mademoiselle Giboulée.

Assis sur un banc, monsieur Grésil
et mademoiselle Giboulée discutent.
Le parapluie vert et moi sommes allongés
dans l'herbe. Curieux, je lui demande
si c'est sa première sortie au soleil.

– Oh non ! répond-il. Ça fait des lustres que mademoiselle Giboulée et moi, nous nous promenons beau temps, mauvais temps. Elle dit que je suis son porte-bonheur.

Je regarde alors monsieur Grésil.
Il sourit à mademoiselle Giboulée.
Ça sent l'amitié... Je frétille de joie !

Le soleil, lui, rit aux éclats.